AF395430

Kustantaja: BoD - Books on Demand, Helsinki, Suomi

Valmistaja: BoD - Books on Demand, Norderstedt, Saksa

ISBN: 978-952-80-6918-8

HUOLTOASEMAN PAJATSO

RUNOJA

Lähiössä
puheet eivät pidä
lapsivedet
katot vettä.

Rakkaudesta ajattelen kuten
laivoista tyhjissä lasipulloissa.
Hiuksesi hopeat seitit
laituria pitkin.

Aamulla valon ensimmäisinä
tunteina
olin valmis jatkamaan sukua
keittämään kahvit
Haisin viinalta
Älä ole kateellinen
Toin kortsuja koska
kukat oli loppu.

Siellä missä lamput sammuvat
siellä nukutaan tai nussitaan
Kolkuttava yöjuna heijastaa
lätäkköön peilikuvansa
Kohta aurinko jatkaa
luomiskertomusta
avioerot astuvat voimaan ja
katteettomat lupaukset
huuhdellaan tölkkioluella alas.

Ihmiset pysähtyvät ainoastaan asemilla
vai asematko siinä pysähtyvät ihmisessä
Vain harvat ovat kotonaan matkan
puolivälissä.

Lupasit yöksi.
Matka on menneitä pikajunia
torille kaatuneita suunnitelmia
kookospuita.
Rotsi jonka taskussa
pari kolikkoa
postikortti Tampereelta.

Torikauppiaan kotimaiset
ovat kiinalaisia
Hiertävät jalat rakoille:
Jeesus tuli Pakilasta
avojaloin, sanot
Mies kuin virsi
Repussa viini.

Sauna
sinun puolestasi lämmitetty
Tahdomme maiseman joka antaa
mutta se on alkanut ottaa
samalla mitalla
Luonto on hyvä kun se
pysyy televisiossa
kuten sodat, murhat
Mökki alkaa olla laho
Emme välty toistemme
läpivedolta.

Ulkohuussin seinällä
alastomia naisia
Täällä saa peräpukamat
humaltuneet kärpäset tunkeutuvat korviin
Alan hahmottaa tilaa kirkoksi.

Juon tölkkiolutta satamassa
Kuvittelen Berliinin
pahalta haisevat kadut Katmandussa
Sinä tanssit kotona olohuoneessa
sankassa tupakansavussa
joka jäi lapsen vaatteisiin
sinä tanssit ja Helsinki hävisi sinulle
Voiko itsensä löytää
toisesta ihmisestä?
Nautit parvekkeella konjakkia
luovutit huoneen ja poistuit
ihmisestä Firenzessä.

Tyhjä paperi:
Yksi maailmankaikkeuden vanhimmista
runoista
Siinä puhutaan koneen lihaksistosta
sielusta jonka voi napista painamalla
sammuttaa ja sulkea.

Nainen kylkiluusta ei riitä
Kuinka moni päätyykään kirjan kanssa
vuoteeseen, ei kumppanin!
Nainen on penistä varten
niin ajattelevat jumalat
eivätkä ajaudu ristiriitoihin asiasta
kuten sivulla 7 käy ilmi.

Maria on prostitoitu
Maria pilkkaa
asiakkaitaan
maksavat Marialle siitä
ettei kukaan saa tietää
miten he kaipaavat ihan tavallista arkea
jota ei ole olemassa kun bordellissa
15 minuuttia kerrallaan.

Laiva
Virossa matkustaneet
eivät pääse ulos
kuten olutlavat pääsevät;
Niitä on tultu satamaan vastaan
Yksisilmäinen lokki lepattaa
katkeraa historiaa
Ulostaa valkoisia ruplia likaisille
kaduille.

Helsinki piirtää itsestään huutomerkkiä
Tänne tullaan lämmittämään
mikropitsoja
Ural-Mocca kuten laiha kissa
Vieläkö jossain haisee nokkospaska
kun stadi lämpenee yksinäisille
ja turistit vievät rakkauden Lappiin
ajaa spora kuumaisemassa kusilätäkön yli
Federico Garcia Lorca hahmottuu
Kallion baareissa joissa
sireeni on kansallislaulu
Joku rummuttaa sormillaan pöytään
flamenco-rytmiä
stadin pulssia
Kontulan rotta saa Mannerheimin
hevosen nousemaan takajaloilleen.

Ei sillä tavalla olla
vapaita kuin ennen:
Haista kaipaukselta
proomuilta ja lokin paskalta.

Eikä runoilijoita olla
entiseen tapaan
löydetä suurta:
Maksutonta parkkipaikkaa
keskustasta.

Hirvilammelta jäi
pari metriä kirjoja
salmiakkishotti
ja kun rahat loppuvat
runot alkavat
Sinusta voi jatkaa
Variksena matkaa
Käpylän konditoria
on nykyään kirpputori
Mulla on sinne kustannussopimus.
Junanradan varrella tuttu haamu
sokean koiran kanssa
pyramidipipo päässä
Hurstin jonossa.

Haamujuoksija
jäi kiinni elämän Alepassa
Poliisin niskalaukaus
menee ohi
Baskerin varjo lankeaa
Tehtaankadun ylle
Olen sammakon
ilmakupla kaislikossa
Myrsky tuo rantaan
likaisia runoja
sanoja ei erota levästä
runoilijaa kalan evästä
Olen Valaan vatsassa
Tuon tuliaisiksi
lamppuöljyä
Erotan sinut minusta
viinin leivästä
Kaukaiset rannat jotka
kävelevät vastaan
ja tikittävät.

Naiseni sanoo
ettei kukaan ymmärrä
mun runoja
Olen merkityksetön mies
täynnä merkityksiä
Ostin Tokmannista ämpäreitä
Suonenjoen poimijoille
Juoksin apuun kärpäslätkä kädessä
Puhun Thaita jos minulta kysytään
Kun pyydän mansikoita
Minua aletaan hieroa
Olen romanttinen kulkuri
heinänkorsi suussa.
Saan hätäkasteen kun pyydän
tulitikkuja R-kioskilla
Päädyin retriittiin ostoskeskuksen
julkiseen vessaan
Hengailen tuulikaapissa
keinopalmujen alla
Olen perskärpänen
perhostenkerääjän kokoelmassa.

Ostin viimeisillä rahoilla
yhdeksän pulloa punaviiniä
Syön krapulassa pihlajanmarjoja
Imitoin juna-asemalla persialaista Shaania
Pantomiimia vastaan minulle tarjotaan kahvia
Matkustan pummilla kuolleen
setäni luokse
Siteeraan konduktöörille
saksalaisia filosofeja
Oksennan lattialle kustuun vessaan
Matkustajilla on peuran pää
Näen näkyjä
Kuu on ennustajan kristallipallo
Rikon painovoiman polttamalla
ensimmäisen tupakan
Juna kääntää ohitse kiitävien
maisemien katseet
Minihameinen nainen ohittaa
minut läheltä
Erotan stringit perseestä
Kaikilla on läppärit sylissään
Elämä näyttää heissä vakavalta
Olen perillä väärällä asemalla.

Maalarinhommat
loppuivat sateen takia
Hain työkkäristä
nurmikon leikkaajan paikkaa
Olisin halunnut lentäjäksi
mutta käytän silmälaseja
Jonotan sossuun lukittujen
ovien takana
aamulla kello 9.00
Vahtimestari on kuulemma
sairaslomalla
Setlemetti-yhdistyksessä on
työttömille ilmainen ruokailu
Tänään on verohallituksen
pyydystämiä pimeitä silakoita
Sosiaalityöntekijän hengitys
tuoksuu terveyssalaatilta
Virastoissa on aina kylmä
Tilataideteos esittää lasta
joka ei löydä ulos valoon.

En jaksa selittää
jaksan kaksi nakkia&
perunasalaattia
Olen Dobermannin
typistetty häntä
Olen huoltoaseman
pajatsokeisari
tukka geelillä
Vasta maalatusta penkistä
jää sieluun surun raita
Menen laivaterminaaliin
katsomaan niitä jotka ovat
matkalla itseensä
jostakin toisesta ihmisestä.

Vaikka ette vielä tiedä
Olen tämän kaupungin
viimeinen boheemi runoilija
Olemme kärsineet sukupuutosta
koska markka vaihtui euroon
eikä puhelinkioskista
voi enää soittaa
eikä pankkikirjalla nostaa rahaa
Olen viimeinen kultapossukerhoon
kuulunut
Katson maailmaa etanaperspektiivistä
edelläkävijät rakentavat niin ettei
tilaa jää penkeille
joissa kaltaiseni kuluvat
kuten aika kuluu.

Poltan ketjussa tupakkaa
Ratto-Raila tykkää kopeloida
nuoria poikia
Ekan kerran näin paljaat daisarit
vaikka hetki sitten puhallettiin
pihlajanmarjoja putkesta
Oltiin kirkonrottaa
Elvis vatkaa savua
räsymattokeittiössä
Kissa syö tonnikalaa purkista
Sohvassa on reikiä
Virsikirja käy karaokesta
Makkarissa seinällä ristipistotyö
"Herran pelko on viisauden alku"
Jääkaappi hurisee tyhjyyttään
Juon lämmintä olutta
Lähdetään uimaan
hukutaan taskulämpöiseen
oluttölkkiin
Hei baby aurinko sulattaa sut muhun.

Pilvet roikkuvat alakuloisina
Varis tonkii jätteitä
Murskaan citykaneille vanikkaa
Radiosta tulee Jumalanpalvelus
Löysin seurakunnalta ilmaisen
talvitakin jonka taskussa oli
lautasliinaan kirjoitettu runo.

Isä sanoo että
maistut hampurilaiselta
Isä tykkää tehdä sun kanssa
lisää lapsia junarata-asuntoon
jossa kahvi läikkyy
sokean koiran turkille
ja jossa Katekismus on yöpöydällä
Isä ajaa partaa kertakäyttöterällä
ja surisee niinku sähkökäyttöinen malli
Äiti leikkaa tarjousedamia -60% löytö
lähikaupassa
Pikkuveljellä on avain kaulassa
Se tulee joka kerta kotiin kahteen kertaan
Toiseen niinku omaansa
Tiklaslampi ikkunassa täyttyy
kesäiltoina Sorbuksesta
On Perjantai
viikon kahdeksas päivä ja
sauna-ilta
Valaat sukeltavat
pyrkivät kuuhun
joka on täysi.

Mummo kertoo lapsille tarinoita
Airam-taskulampun valossa
Puulattiat narisevat villasukkien alla
Pullapitko on kovettunut
Tuoksuu kostea perunakellari
Seinällä röijy jossa ruskan värit
Keittiön pöydällä radio
pasianssipakka
Olen matkalla samaan satuun
wanhalla Oiva-fillarilla
Pilvet putoo niskaan
Kuullakseen toiveeni pyrstötähti
laskeutuu lähemmäksi
Puhun taas rakkaudesta
sillä tavoin kuin avain kääntyy sydämessä
ovi aukeaa
ja eteinen täyttyy lasten valosta.

Vaarin hiukset putoilevat
keittiön pöydälle
sataa valkoista hilsettä
Haisee Aroma-sätkä ja
Mennen
Talo homehtuu kun
vaari heräilee eturauhasen takia
eikä pysty pidättämään
Posteljooni eksyy eteiseen
Sanomalehti on viime vuosisadalta
Mummo on vanhainkodissa mutta
ei sitä kukaan muista
Mummo on kiltti
kolikkokukkaromummo
Vaari muistaa minut Juhanina
puhuu kääretortusta
dosetista johon on tarkkaan
säännöstelty usko toivo rakkaus
ja tahdistimen elinajanodote.

Runous on mennyt
liian monimutkaiseksi
rakettitieteeksi
jota kukaan
ei halua lukea
ostaa
paitsi kaverit
samalta vuosikurssilta
Pidetään homma simppelinä
Tytöillä on pimppi ja
pojilla pippeli
Rakkautta ja romantiikkaa
Puliämmä jolla on kauniit silmät
Simpukan kivi
jota helmeksi puhutellaan.

Aurinko laskee korvasi taa
joka on voikukka
Muistot maatuvat kuten vanhat lehdet
Pellot ja ladot mahtuvat ikkunakehyksiin
leikkuupuimuri
ja kaksi mäntyä
On Pohjanmaa
maitoa ja perunoita
Sianpaskan haju riippukeinussa
Tahdon olla apilankukat
levittäytyä jalkojesi juureen.

Mäntymetsä
Istun kaukana kaikesta
repussa viini
Niin hiljaista että kalan
tuikkiin havahtuu.

Tulin lammen rantaan
hengailemaan
Täällä männyt ovat
kitukasvuisen
rakkautensa käpertymät
ja siiat liplattavat
kirkasta aariaa
Täällä ei ole pukukoodia
normeja
tuloeroja
Täällä kelloja siirretään toivoa kohti
Avojaloin olen viimeinen alkuasukas
Etsin rakkautta maailmasta
jossa ei ole jäljellä ainuttakaan muuta
Eivätkä pedot rakasta takaisin
vain ihminen voi rakastaa ihmistä
tehdä kravattisolmun kaulaan
suudella huulille ja
toivottaa onnea.

Chillaan riippukeinussa
laivan kannella
Lähdin pakoon itseäni
Työnnän pillin kookoksen läpi
Sellainen kuumuus panamahatun alla
että tahtoo olla yksin
Mitä muuta nainen voi tarjota
kuin lämpöä
Tulen aina kaipaamaan sinua
Silloinkin kun nukutaan vierekkäin
Se tapa jolla välitän
ylittää meridiaanit
Kun haluan takaisin
myyn arpoja jokaiselle ovellesi.

Kuulun niihin jotka ottavat
kapakkaan
hammasharjan povariinsa
Aamu-yö on kaunis
Peippo laulaa
Persaukisella ei oo
varaa taksiin
Kannan selässäni
mielikuvitushetekaa
Olen valmis suutelemaan
katua rahasta.

Sähkösaunassa samaistun
Zuluun
Heitän moukaria posliinikaupassa
Täytän piipun isäni tuhkalla
Löydän uimahallista sukellusveneen
Käyn kampaajalla tuulisella majakalla
Poltan Bonusta neljäntuulenlakki päässä
Synnyn poroksi Lappiin
Minut korvamerkataan laumaan johon
en sopeudu
Elän tundralla hameesi alla
arktisissa olosuhteissa
Olen Peer Gynthin peikko
tunturihotellissa
Minussa haisee eilen pyydetty majava
Juon Koskenkorvaa suoraan purosta
Ajan moottorikelkalla Seitaa tapaamaan
Uhraan viimeiset puhtaat sukat
Saamelaiskäräjille
Teen Kilpisjärvestä vieheen
Hauki on lohi
ja turistit matkamuistoja.
Fyrkat loppu jo Kolarin kohdalla
Käännä auto
Suopunki
kiertyy Aslakin kaulan ympäri
Sun pitää palata
Lappi ei oo pysynyt mukana.

Puutalomiljöö
Istun kertakäyttötuolilla
Urkki ja Pena heittää tikkaa
Radiossa Mauno Kuusisto
Rinnassa haikea Sorbus.

Kesäkuu saa naisille
sileät sääret
Otan tikapuut ja
ripustan auringon
koivun oksaan
Savustan ahvenia
luen runokirjaa hyttysiltä
Voitin kahvipaketin
kyläkaupasta
Esteri lahjoitti miesvainaan tennissukat
Sä tiskaat Nirvanan tahdissa
Ripsesi punnitsevat valkoisia valheitani
Alan tulla humalaan ja paljastun
Raparperia oli ja viiniä tuli paljon.

Istun rannalla
liotan varpaitani vedessä
Juon viiniä pullon
tai kaksi
merihädän mukaan
Lokit vartioivat poikasia
eivät piittaa
spurgu kuuluu luontoon
mutta perhekuviin se
tarvii hampaat
Etsin elämäntarkoitusta
Sohvalla hyvää asentoa
jossa lisääntyminen
kelpuutetaan vastaukseksi
Etsin apteekkarin hyllystä
tulitikkuja
Saan tulen tupakkaan
mutta käpylehmä ontuu.

Olin Kiinassa kaksi viikkoa
samoilla kalsareilla
Kumisaappaassa vodka
Perustin pampulakioskin
kaljuille
Myin vanhoja tiekarttoja
eksyneille
Aloin kerätä Pekingiä
kaduilta
Dalai Laman
hauraita luita.

Istun liiterissä koska sataa vettä
Jerrykanisteri täynnä kiljua
Sukat kuivumassa piispanristillä
En kuule heinäsirkkoja enää
Jaksan kirjastoon ja takaisin
Olen väärinymmärretty kerubi
Alepan kassajonossa.

Olen nukkunut sillan alla
herännyt keräämään rannoilta
tyhjiä tölkkejä
Laitan lottoa koko rahalla
Kohta Olen Kreikassa
Mykonoksen saarella
pistän ranttaliksi
Juon Uzoa ja hourin
Ymmärrän kulkukoiraa
paremmin kuin muut
Uhkapelaan ainoat sandaalit
Ruokottoman naisen rinnoilta
kiipeän kuuhun
Peseydyn meressä
syön kerjäämäni hedelmät
Istun lootus-asennossa palmujen alla
Olen se joka on
perillä joka paikassa.

Heittelen koripalloa yöllä
suljetun kylpylän takapihalla
Sateen jälkeen märkä
lämmin asvaltti
Merenneito ryömii
ikkunasta mereen ja lumoaa
laulullaan
Ikävä sitä kevättä kun
oli nuori
ja sai kaiken anteeksi.

Näet sinut Odysseuksen silmillä
Näen sinut Romeon silmillä
Näen sinut Tristanin silmillä
Pyydystän sinulle näkymättömiä
tryffeleitä
Sukupuutto hauduttaa sinulle
viiriäisen munia
Kanssasi jokainen ilta on kaunis
Tuulipukunaiseni
Rosmariinin tuoksuinen ilta
Kirsikankukkia.

Mitä ajatella politiikasta?
Moottoriteitä jatketaan
pilvenpiirtäjiä
sotia
Mutta kuka jatkaa siestaa?

Toscana
Tunnustelin rypäleiden
kypsyyttä
Arvioin viinin valmistajan
mukaan
Siteerattuaan Nuwasta
ostin koko pullon.

Ostetaan viiniä kotiin
saadaan enemmän
Ei viedä rahaa baariin
Ei tuhlata ainutkertaista elämää
Sinun silmäsi johtaa puolukkametsään
Kun vispaat hääkakkukermaa
rintasi pomppivat Misfitsin tahdissa.

Elämää ei voi jättää kesken
Evakon laulua
Puut pitävät syynsä
Kovakuoriaiset naamioituvat
ja sinä olet yhtäkkiä syksy
livut pois
ja minua kehotetaan maalaamaan
huoneesi uudestaan.

Tulin ovesi taakse
kuten runoilija tulee
Pyytämään kättä
suihkua
Banaanilaatikossa
yhdet sukat ja vaihtokalsarit
Nekin pitäs pestä
hampaat
Nakkikeitto maistuis
Onks sul röökiä?

Vien roskat
Se on tekosyy päästä
kaljakauppaan
Odottaa näyteikkunan edessä
kellon alla sitä joka lainaa rahaa
Sain 12 tölkkiä
huudot kotona.

Runokirjani eivät kelpaa
kokkikirjojesi viereen
hyllylle.

Poika on hiljainen

juttelee muurahaisille

sillä on Helmi-mummon silmät.

Tavaratalomusiikki
saa luovaan tilaan
Ostan tarjousjauhelihaa
ihmiskaupasta
Yhteiskunta muodostuu
kassajonoksi
Rämpytän banjoa
tavaratalon edessä
ostan romanilta kellon
Se jätättää
kuten minäkin
Maksa puhelinlasku
Mun gimma on nuori vielä
Se ei tsennaa ettei kadut mitään anna
ottaa vaan.

Kastan Goethe-myssyn järvessä
Pelaan haamupokeria
huoltoasemalla
Työnnän 50 penniä
kummituspajatsoon
Olen yksikätinen rosvo
joka tarvitsee handunsa
runkkaamiseen
Korjaan ihmissuhteet
jeesusteipillä
Ajan fillarin susimetsään
Mua tahdotaan vihreiden ehdokkaaksi
Pyydän hylkeitä Kalaharin
autiomaasta
Laitan perunan naapurin Audin
pakoputkeen
Kusen tyhjään omenamehupurkkiin
Nukun iglussa valveunta
Kokeilen hypnoosia Mumbaissa
patjaa Jyskeen näyteikkunassa
Olen Zombiejunan konduktööri
Janakkalan Valentino
A-A kerhon Kari Grandi.

Valonnopeat liikkeet kun
sä pöllit meille metrossa
bitcoineja
Ostetaan kuumailmapallo
ja koiranpentu
piknikviltti pilvenpiirtäjän katolle
Oi baby
Sulla on kosmonautin liikkeet
ja kypäräpakko
sä haluut jakaa happes
tän kaksion
Wc pöntön ilman kantta
Sydän on tunteiden kellarivarasto
Siellä on käymisastia ja hajulukko
Homeen kellastamia kirjoja
Tämä on kevättä kauneimmillaan
antaa energiajuomatölkkien kukkia vaan.

Törje-vaari kantaa saunapuita
aamu kuudelta
Pannukahvia&kermaa
Kärpänen pullapitkon päällä
Lehmät on myyty kuuhun
Puhelintöpseli vedetty seinästä
Kissan häntä on antenni
uutislähetys pätkii radiossa
Hämähäkin verkko
kärpäsloukkuna
ulkohuussin nurkassa
Symmetriaa jota vain harvat osaavat
Olen pärjännyt siansaksalla
Porsliinikaappi on lapsilta kielletty
Olen kaikesta ulkona kuin
pystykorvan roikkuva kieli
Lupiinit rehottavat kuin
Conradin pimeä viidakko
Saha on väsynyt
"Kylläpäs maalla on mukavaa"
Aika kuluu kiljulla
Maanviljelijän köyry ryhti
kuin kynnetty pelto selässään
Olen tullut tänne kirjoittamaan
Ilmestyskirjaa
Postipoika jättää sanomalehden
laatikkoon, Päivän sanan.

Jokainen lähtee elämästään
kuin hotellihuoneesta
Lääkäri kieltäytyy jatkamasta
sitä reseptein
Osastolleko tämä kaikki päättyy?
Omaan sänkyyn?
Tämä on matka jota
muut jatkavat
Laitan silmät kiinni ja
hengitän luonnon pulssilla
Näen värit hajut äänet
mutta en tunnista stondista
Tahtoisin tuntea lapsen sileän
posken omaani vasten
Puheistani ei enää välitetä
Vanha käppänä
Alan haihtua
Meksikossa ne vainajat
joita muistellaan
pysyvät hengissä
Ja vaikka miten rakas
mentävä on
Ja vaikka miten
ikävä tulisi
lähdettävä ilman reppua.

Tragedia jatkuu
sukupolvesta toiseen
Miten elämä voisi olla
palkinto
Eihän voittajan tarvitse
luopua pokaalistaan
Elämä on hutilyönti
Näkymätön pallo lentää
ymmärryksen yli
Ota koppi
mutta entä jos ei halua
polttaa muita?
Kaikella on muka tarkoitus
syvempi merkitys sillä
että on vanha ja ryppyinen
tekohampaat ja kuulolaite
Ihminen on paradoksi
Hemingwayn kala
kuolemaan ehdollistettu
Eikä sitä voi muuttaa
perua
kuten taksin voi.
Kaipaan peilisalinaurua
Sitä että minut taputetaan
lavalle uudestaan.

Saunominen
on meditoimista
Käärin sätkän ja
istun portaille
Käen kukkumattomat
vuodet.

En ole merkkien
keräilijä
vaan merkitysten
Näen jokaisessa puussa
salakieltä
Kaipaan tummaa naista
joka swahiliksi läähättää
Runoja jotka syntyivät
nänni suussa.

Yöt olleet kuumia
Kaskaat tikittävät
Heräsin kahden alastoman
Thai-naisen välistä
Olen elänyt Sang thip viskillä
Puoliakaan en muista
Olen kirjoittanut pyhiä tekstejä
joista kukaan ei saa selvää.
Mekong on kusivana
eteisen lattialla.

Istuin uimarannalla
polvellani Sotkan muna
Meri odottaa maailman
syntyä.
Olen kuollut monta kertaa
Terveyskeskuksen jonossa
lasten itkuissa
syöpäsairaan tuskanhuudoissa
Bensa-asemilla vanhojen autojen
löyhkään
Sumatran tiikerin saamaan
salametsästäjän luotiin
Sukelsin ja nostin pääni
toiseen todellisuuteen
Sylkäisin kalan suustani
Ei ainuttakaan
loittonevaa Valaanpyynti-alusta
Ydinkärki sulatettu laariksi
Mulla on taikurin hattu
Kasvoilla ylpeä ilme
Miehen joka häviää
tahallaan pajatsossa.

On se ihan oikea runoilija
tupakka väärinpäin suussa
Koira ulkoiluttaa sitä
Se ottaa kopin kun
kukkaruukku putoaa
mummon ikkunalta
Kävelee tikapuiden alta
muina miehinä vaikka on
naismainen
Rapsuttaa mustaa kissaa
pitkät kalsarit jalassa
perintökeinutuolissa
Kehuu Visa Mäkisen elokuvia
Abban silliä sinappikastikkeessa
ohikulkijan höllyviä daisareita
istumatyön aiheuttamia peräpukamia
seurakunnan kylmää kahvia
Runoilija
Istuu kusiaispesässä
keskellä Highway 66
Kävelee moottoritiellä kuten alttarilla
Vie joulun muslimin kotiin
Lukee Valittuja paloja
Kehuu pohjaan palanutta ruokaa
Löytää säkeitä tavaratalojen hulluilta päiviltä
Runot kuten Pelastusarmeijan vaatteet:
Aina muodissa.

Ne katuvalot
jotka palavat kohti sisintä
eivät koskaan himmene.
Olet maisema joka lopulta
rajaa itsensä.

On otsallesi laskettu seppele
jossa kaikki heinäkuun
kukat.

Tahdon unohtaa
pörssikurssit
Helibor-korot
laittaa puukkarit jalkaan
kääriä pari sätkää.
Hengailla kuin
kirpputorilta ostettu
pikkutakki naulakossa.

Istun kivilaiturilla
Helvetisti hyttysiä
Ne ei käy sun kimppuun
Oot vampyyri
Kerrot käyneesi Ankkalinnassa
parikin kertaa
Vuokranneesi yksiön murheita varten
Ostanut menolipun
krokotiilin kitaan
Täyttänyt metron kauniilla ajatuksilla
Herättänyt Nemean leijonan henkiin
Pelannut potkupalloa toisella kosmoksella
Oot hiilinautti
Jätät säkeidesi sinfoniat leijumaan
mielen avaruuteen kauas
kustantamoista
Otat koiran hahmon
Tahdot että talutat sinut
vaikeiden aikojen läpi
Tyhjä katu
katuvalopylväillä levikset
joiden kintuille kusta.

Vapautta ei ole
pakattu matkalaukku
Madridin kadut
Silmäys tyhjän asunnon
eteiseen
Irtirevitty sukunimi postiluukussa
Vapautta ei ole
pitää taksikuskia hereillä
hiljaisena yönä
omalla puheellaan.
Vapautta ei ole
yöpäivystyksen jono sairaalassa
jossa potilaat vanhenevat
lääkäreitä nopeammin
Vapautta ei ole
oluttölkki jalkapallona.

Vapautta on
Ettei kukaan halua soittaa sulle
Puhut liian pitkään
vaikka useimmissa liittymissä
on rajaton saldo
Arvellaan kuitenkin sun olevan elossa
humalassa tietysti
uskossa
Kirjastossa jossa lukutaidottomat
nuoret käyvät kusella
Pikaruokaloissa joissa opiskelijat
jatkavat öisin sukuaan
Vapautta on
ettei ketään kiinnosta mies
joka istuu puistossa toisin
kulkukissa povitaskussaan.

Kuka jaksaa elää
kahta elämää
Kodin ja kapakan välissä
Huolestunut soitto kohtuun
äidit tekevät vain työtään.
Yksinäisten ihmisten asunnot
ovat täynnä materiaa
Henkiolennot päätyvät
ulkovarastoon
Vanhemmat tekevät uraa
kuten moneen kertaan
soitettu levy.
Aina täytyy antaa
kukkaruukulle mahdollisuus
pudota.

Etsin kioskia joka
myy maissipiippuja
Päivät lyhenevät kuten
naisten hameet
Puut pitävät sadetta
Muistot irtoavat toisistaan
kuin vanhan auton pölykapselit
Eikä kukaan halua matkustaa
itseään pidemmälle.